この本を読むみなさんへ

監修　九里徳泰

　この本を手にとったあなたは、「サステナブルな社会」ということばを聞いたことがあり、くわしく知りたいと思ったのかもしれません。あるいは「サステナブルな社会」なんて聞いたことがないけれど、何のことだろうと気になって手にとったのかもしれませんね。

　「サステナブルな社会」とは、みんながこれからもずっと幸せにくらしていける社会です。でも、残念ながら、地球にくらす人々が今までのようにくらしていては、「サステナブルな社会」は実現できないだろうと予想されています。今、この地球では、わたしたち人間の活動のためにさまざまなこまった問題が起こっているのです。そこで、「サステナブルな社会」を実現するための目標として、国連から「SDGs」がよびかけられています。

　今起こっているこまった問題は、みなさんの身近なところにも、遠い国々にもあります。まず、それらの問題に目を向け、なぜその問題が起こっているのか、問題を解決するにはどうしたらいいのかを、いっしょに考えていきましょう。

　「サステナブルな社会」を実現するには、ひとりひとりが考え、学び、行動することが大切です。この本を読んで、「サステナブルな社会」や「SDGs」のことを知り、自分には何ができるかを考えるきっかけにしてください。

　そして、みんなが幸せにくらせる社会を、いっしょにつくっていきましょう。

※このシリーズは、とくに断りのない限り、2021年1月時点の情報に基づいています。

みんなでつくろう！

サステナブルな社会

未来へつなぐSDGs

② 社会

監修
相模女子大学教授
九里徳泰

小峰書店

もくじ

SDGs をめざしサステナブルな社会を実現しよう

SDGs の 17 の目標

今、地球で起こっているさまざまな問題を解決するため、2030年までに地球にくらすすべての人がめざすゴールとしてSDGsが定められています。SDGsを達成することで、みんながずっと幸せで豊かにくらしていけるサステナブル（持続可能）な社会が実現します（→くわしくは、1巻4〜10ページ）。

「サステナブルな社会」は、みんながずっと幸せにくらせる社会のことなんだよ。

すべての人が幸せにくらせる社会

みんなが栄養のある食事をとれる

みんなが学校で勉強できる

すべての人が平等

SDGs の 17 のゴールは、環境、社会、経済に関係するものに分けられます。

すべての人々が手をとり合って力を合わせることが大切です。

（17 パートナーシップで目標を達成しよう）

経済

3 経済成長を持続しながら環境や社会をよくする

ただお金を得るだけでなく、どうやってお金を得るかを大切に考えて、環境や社会をよくすることをめざしています。

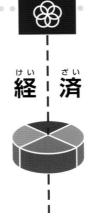

社会

2 よい社会であることが経済を持続させる

わたしたちが生きている社会には、健康や教育、貧困（貧しさ）などの問題があります。これらの問題が解決されたよい社会が、経済を支えることになります。

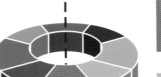

環境

1 よい環境をつくることが基本

わたしたちが生きていくために、気候、水、森林、海などの環境をよくして持続させることが、社会や経済を持続させる基本になります。

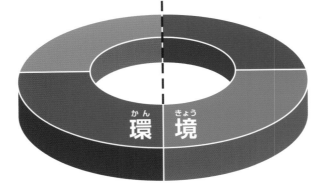

みんなでつくろう！ サステナブルな社会

よい環境を守り、みんなが平等におたがいをみとめ合いながら、経済成長を続けていくことで、サステナブルな社会をつくりましょう。

「社会」に関係するテーマから
「サステナブルな社会」を考えていくよ！

サステナブルな社会をつくるために

サステナブルな社会をつくるには、今、どんな問題が起こっているか、その原因は何か、問題を解決するにはどうしたらよいかを考え、行動する必要があります。行動するときの目標の1つとして、SDGsを見るとよいでしょう。そして、一人一人が自分たちにもできることを実行していくことが大切です。

2巻では、
「社会」にかかわる貧困、
教育、エネルギー、
食べ物、ジェンダーから
サステナブルな社会を
考えていきましょう。

貧困から考える サステナブルな社会

世界にはさまざまな原因で貧しい生活を送っている人がたくさんいます。1日1.9ドル（約200円）以下でくらさなくてはならない状況（極度の貧困）にある人も、アフリカやアジアの地域を中心に大勢います。

また、世界的には豊かに見える日本でも、貧しい人とそうでない人との差がどんどん開いているといった問題があります。

※世界銀行が定めた基準では、1日1.9ドル未満でくらしている人を貧困層と言います。

貧しい人々が集まってくらしている地域（インド・ムンバイ）。

(PIXTA)

1日1.9ドル以下でくらしている人の割合（2017年）

全世界の人口で見ると およそ10人に1人

(世界銀行)

（1.9ドル＝約200円）

ふだんの生活で、食べるものがなくてこまったことはないね。

でも、世界にはその日の食べ物にこまっている人もいるそうだよ。

貧困のさまざまな問題

農作物へのえいきょうから貧困が進む

　災害や気候の変化が原因で、貧しい生活をしなければならなくなることがあります。農作物に大きな被害をもたらし、収かくが減るからです。台風やかんばつ、こう水などで農作物が育たなくなると、収かくした物を売って、お金を手にすることができません。くらしのために土地を売らなくてはならなくなり、その後も農業ができなくなってしまう人もいます。

かんばつのえいきょうを受けた農地（ジンバブエ）。

お金がないことで命を落とす

　お金がないために食べ物が手に入らず、命を落とす人たちがいます。満足に食事ができないと、栄養不足で病気にかかりやすくなってしまいます。また、病気を治療するにはお金が必要です。お金があれば治る病気なのに、貧しいために治療を受けられないことがあります。
　薬や予防接種で予防できるマラリアやはしかのような感染症も、お金がなくて対策をとれないままかかってしまい、病気が重くなってしまうこともあります。

教育が受けられない

　貧しい地域や家庭でくらす子どもの中には、仕事や、小さいきょうだいの世話をする必要があるために、教育を受けたくても受けられない子がたくさんいます。
　学校へ通うためのお金がないだけでなく、子どもの教育に親が関心を持たない場合もあります。教育が受けられないと、大人になっても条件のよい仕事を選べず、貧しい環境からぬけ出すことがむずかしくなります。

(EPA＝時事)

政治への不満が高まる

　十分なお金を得られる仕事につけず、貧しい生活が続き、日々のくらしがうまくいかなくなると、政治や社会に不満を持つ人が増えます。また、貧しさから、政治に不満を持つ人たちが内戦などを起こせば、人々の生活はさらに不安定になります。

　争いや内戦などが起こると、家や仕事を失う人が増え、また、難民として自分の国をはなれることでますます貧しい環境が広がってしまいます。

争いのために、住んでいた場所にいられなくなった難民の家族（イラク）。　(Cynet Photo)

先進国にもある貧困の問題

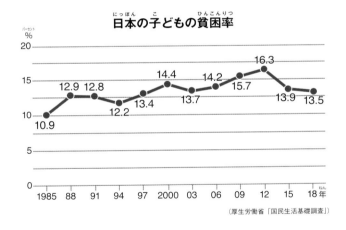

日本の子どもの貧困率

年	貧困率
1985	10.9
88	12.9
91	12.8
94	12.2
97	13.4
2000	14.4
03	13.7
06	14.2
09	15.7
12	16.3
15	13.9
18	13.5

（厚生労働省「国民生活基礎調査」）

　厚生労働省の調査では、日本の子どもの約7人に1人が貧困という結果が出ています（2018年）。とくにひとり親家庭では、2人に1人が貧困であるとも言われています。この場合の貧困とは、毎日の衣食住にこまるほどではないものの、お金が足りずに、満足な食事や十分な医療を受けられなかったり、日々の学習や進学などの場面で不利な立場になってしまったりすることを指しています。

アフリカ・アジアに多い貧困

　世界銀行が定めた1日1.9ドル（約200円）以下で生活する貧困の状態とは、家賃、食費、洋服代などすべての生活費を、1日約200円以下でまかなうくらしです。

　アフリカのサハラ砂漠より南の地域やアジアの一部の地域の人たちが、こうした極度な貧困の中で生活しています。

貧困の問題を解決するには？

貧困の根本的な解決をめざす

争いや災害、気候変動は、貧困の大きな原因の１つです。家や仕事をなくし、食べ物も手に入らない貧しい生活が続くと、貧困からぬけ出すことをあきらめてしまうこともあります。

人々が教育を受け、仕事を得て、健康を保ち、希望を持って生きることをめざすことが、貧困の根本的な解決につながります。そのためには、長期的な計画のもとに各国の政府が努力すると同時に、先進国や国際機関などが協力して支援することなどが必要です。

支援プログラムを通じて野菜の栽培方法を学び、野菜を売ってお金を得ている女性（フィリピン）。仕事を持ち、自分たちの力で生きていくための支援が大切。
（国際NGO ワールド・ビジョン・ジャパン）

（JICA）
日本のODAによって整備された橋（ベトナム）。

先進国から開発途上国への支援

貧困が広がる地域の人々が、安定した生活を送り、さらに経済的に発展するためには、その国の力だけではむずかしく、先進国がさまざまな支援をする必要があります。

支援の１つに、ODA（政府開発援助）があります。政府や政府関連機関が中心になって、開発途上国の開発に必要なお金や技術、能力などを提供します。日本のODA支援額は141.7億ドルで世界第4位（2018年）。アジアの国々をはじめ、さまざまな国や地域に技術協力を行っています。

先進国の貧困の解決を

先進国の貧困の多くは、社会のしくみや習慣が原因です。日本では、学歴や性別、正規社員か非正規社員かなどのちがいにより、収入の差が生まれています。その格差を縮めることはむずかしく、逆にますます広がることもあります。

家庭によっては子どもに十分な食事をあたえられない場合もあり、「こども食堂」などがその支援をしています。政府は貧困によって子どもの教育の機会やさまざまな可能性がうばわれることのないよう、民間団体と協力して政策を進めています。

（朝日新聞社／時事通信フォト）
こども食堂。子どもが食事をとれ、親同士のコミュニケーションの場にもなっている。

わたしたちにもできることは？

ほかにもできることを話し合ってみよう。

支援団体のイベントに参加する

貧困に苦しむ人々への支援団体では、支援や貧困の問題を世の中に知らせるためのイベントやバザーなどを開いていることがあります。支援団体のホームページなどを調べ、イベントなどに参加してみましょう。

貧しい人々を支援する団体が開いたシンポジウム。
（国際NGO ワールド・ビジョン・ジャパン）

寄付や募金に協力する

NGO（非政府組織）などの民間支援団体は、海外の貧困地域へ支援活動をしています。それらの団体に寄付したり、募金に協力したりすることで、こまっている人々の役に立ち、かれらが将来自立する手助けになります。

「こども食堂」を支援する

「こども食堂」の活動が全国に広がっています。こども食堂は地域の人たちのボランティア活動や食材の寄付などにより、無料または安い値段で利用できます。お金の寄付や、食材を提供するフードバンクへの協力でこども食堂を支援できます。

貧困について学ぶ

貧困の現状やその原因などについて学びましょう。インターネットのサイトや図書館の本などを利用して、貧困でこまっている国や地域を探し、その国・地域の貧困の状況や、なぜ貧困なのかなどについて調べてみましょう。

あまった食料を、必要としているところにおくる活動をするフードバンクに寄せられた食品。
（ふくおか筑紫フードバンク）

学校での学習でも考えよう

日本は開発途上国に、どんな支援をしているのかな。国際連合はどんなはたらきをしているのかな。（小6：グローバル化する世界と日本の役割）

海外の貧しいくらしをしている人たちに、わたしたちができることは何かな。（小5・6：国際理解、国際親善）

アフリカやアジアの人たちはどんなくらしをしているのかな。（国際理解）

みんなでめざすサステナブルな社会

現状 極度な貧困（1日1.9ドル以下で生活）の人が世界に約7億3600万人いる。

未来 貧困に苦しむ人がいなくなる。

（世界銀行）

現状 女性は男性に比べて貧困になる確率が高い。

未来 女性が仕事につき、貧困の状態にある女性がいなくなる。

（ユニセフほか）

現状 世界の子どもの貧困率は大人の約2倍。

未来 すべての子どもが貧しくなくなる。

（国連開発計画）

現状 豊かな国の子どもに比べ、貧しい国の子どもは、5歳未満で亡くなる割合が約20倍。

未来 小さいうちに亡くなる子どもが減る。

（ユニセフ）

現状 世界の金持ちの上位26人が、貧しい人38億人分と同じ金額を持っている。

未来 貧しい人の収入が増える。

（オックスファム・インターナショナル）

現状 日本の子どもの13.5％が貧困。

未来 日本に貧しい子どもがいなくなる。

（厚生労働省）

教育から考える サステナブルな社会

学校で勉強することで、わたしたちは多くの知識を身につけます。知識は社会で生きていくために必要なものであり、大人になって仕事をしていくための基礎になるものです。

日本では、小学校と中学校の教育はだれもが受けることと決まっていますが、世界にはさまざまな事情で学校に通えない子どもがたくさんいます。

アフリカの小学校の様子（マラウイ）。

（Dietmar Temps/Shutterstock.com）

6～11歳の子ども（約7億4000万人）のうち学校に通っていない子ども（2018年）

約5900万人

約6億8100万人

（ユニセフ）

■ 学校に通っている子ども
■ 学校に通っていない子ども

日本では学校の建物や設備も整っているね。

十分ではない施設で勉強しなければならない地域もあるんだね。

13人に1人が学校に通っていない。

13

教育のさまざまな問題

読み書きができない

（PIXTA）

学校でできるようになることの中で、「読み書き」はとくに大切です。読み書きができないと、本も読めず、手紙を書くこともできません。生活に必要な知識や教養を身につけることがむずかしくなります。

読み書きができずに大人になると、大事な知らせの内容がわからなかったり、契約書が読めずに、だまされたりすることもあります。

安定した仕事につけない

貧しい生活からぬけ出すためには、安定した仕事について、お金を得られるようになることが欠かせません。しかし、十分な教育が受けられないと、安定した仕事につくために必要な知識や技術を身につけることができません。

資料を読んだり、記録をとったりすることができなければ、できる仕事が限られてしまいます。

子育てがむずかしい

（Luvin Yash/Shutterstock.com）

健康を守り、病気を予防する知識は、教育で得られます。知識がないと、だれもが受けられるはずの医療などが受けられない場合もあります。また、親に正しい知識がないために、病気やけがで子どもを小さいうちに亡くすこともあります。

教育を受けてこなかった親は教育への関心が低く、子どもが学校に通いたくても、学校に通わせてくれない場合もあります。

子どもを健康に育てるには、多くの知識が必要になる。

社会から孤立する

わたしたちは、読み書きができることで、知識を広げていける。

　教育を受けることで、新しい知識や情報が得られます。また、それらを使って、ほかの人たちとコミュニケーションをとることができます。
　教育の機会がうばわれると、意見を相手に伝えられず、孤立してしまうことがあります。社会に参加できないことで、さらに安定した仕事や生活を望めなくなります。

経済が発展しない

　地域の経済を安定させたり、新しい仕事をつくり出していくためには、教育の大切さを理解し、十分な教育を受けた人々が増えていくことが必要です。
　教育によって経済活動が活発になった地域が増えれば、国全体が豊かになります。多くの人が教育を受けられる環境を整えないと、国の経済が発展せず、貧困の問題も解決できません。

日本の教育の問題

　日本では、ほぼ100％の子どもが学校に通える環境が整っています。しかし、いじめや不登校、先生がクラスをまとめられず教育の場として機能しなくなるなどの問題が増えています。不登校の児童・生徒は、2010年代から増える傾向にあります。不登校の原因には、人間関係、勉強についていけない、クラスにとけこめない、家庭の事情などが考えられます。

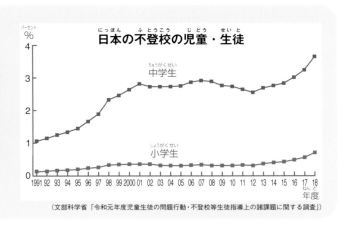

日本の不登校の児童・生徒

中学生

小学生

（文部科学省「令和元年度児童生徒の問題行動・不登校等生徒指導上の諸課題に関する調査」）

教育の問題を解決するには？

（公益財団法人 CIESF（シーセフ））

社会のしくみを変える

　開発途上国では、教育を受けるための環境が整っていないことがあります。教育制度が不十分なこと、校舎や教室、トイレなどの設備が整っていないこと、先生の数が足りないことなどです。

　また、水くみや家事の手伝い、農作業など、生活のために働かなくてはならず、勉強をしたくても学校へ通えない子どもも多いのです。

　教育だけでなく、国や社会のしくみを変えていく必要があるのです。

教員養成校で教員をめざす学生を指導する、日本の教育アドバイザー（中央）（カンボジア）。

先生を育てる

　子どもが学ぶためには、学校を建て、設備を整えるだけでなく、教える側の先生が質の高い教育を行えることが大切です。

　子どもの年れいや勉強の理解度に合った教育を行うためには、知識や経験がある先生が十分にいなければなりません。また、先生になりたい人が増えるよう、安定した収入が得られるようにするしくみも必要です。

家が貧しく、仕事をしなければならない子ども（インド）。

（Incredible_backgrounds/Shutterstock.com）

「みんなの学校」プロジェクト

　アフリカのニジェールは、世界の中でも最も貧しい国の1つで、以前は子どもの教育に対する意識も高くありませんでした。

　2004年に、JICA（国際協力機構）は、地域の住民が参加して学校を運営する「みんなの学校」プロジェクトを始めました。よい学校をつくるための話し合いや学校の建設などにその地域の住民が参加することで、しだいに人々の教育への関心が高まり、急速に教育のしくみが整えられていきました。

（JICA）

学校の改善について、集会を開いて話し合う住民たち（ニジェール）。

わたしたちにもできることは？

ほかにもできることを話し合ってみよう。

寄付などの支援に協力する

海外の教育を支援するため、学校や図書館をつくったり、設備を整えたりする活動をしている団体があります。こうした団体に寄付することで協力できます。えん筆やノートなどの文ぼう具、使わなくなったランドセル、衣類などを寄付すると、必要な地域にとどけてくれる活動をする団体もあります。

海外に文ぼう具を送る活動。
（ワールドギフト 国際社会支援推進会）

しっかり学ぶ

日本の子どもたちは、望む教育を受けやすい環境にいることに感謝し、今学べることをしっかり学びましょう。各年代で学んだことや得た知識は、将来、自分にも社会にも役に立つはずです。

日本の小学校の授業。
（PIXTA）

教育支援をしている企業を応援

国際機関や民間団体と協力して、教育支援を行っている企業を応援することで、支援に参加することができます。その企業のキャンペーンや支援プロジェクトに応募するだけでなく、サービスや商品を利用することも、企業の支援に参加することにつながります。

世界の教育について学ぶ

世界各国の教育のしくみや学校での学びはさまざまです。日本の教育とどうちがうかなどについて調べてみましょう。教育への関心が深まり、教育について考えるきっかけになります。

海外の小学校の授業（ミャンマー）。
（maodoltee/Shutterstock.com）

学校での学習でも考えよう

日本の教育はどんな歩みをしてきたのかな。（小6：日本の歴史）教育の面で、日本は世界の国々にどんな支援をしているのかな。（小6：日本の国際協力）

教育が受けられない子どもたちに、わたしたちができることは何かな。（小5・6：国際理解、国際親善）

海外の小学校ではどんな授業が行われ、何が教えられているのかな。（国際理解）

みんなでめざすサステナブルな社会

15歳以上で読み書きができない人が世界に約7億8100万人いる。

みんなが読み書きができる。

（ユニセフ）

世界で、小学校にも通えない子ども約5900万人のうち、女子が約3200万人。

男女平等に教育が受けられる。

（世界銀行ほか）

収入の低い国のすべての母親が中学校程度の教育を受けられれば、1200万人の子どもがじょうぶに育つ。

多くの子どもが健康に育つ。

（GEFI）

すべての母親が小学校までの教育を受けられれば、出産時の死亡は66％減る。

出産で亡くなる子どもが減る。

（GEFI）

1年間学校教育を受けると、収入が10％増えることにつながる。

みんなが豊かな生活ができる。

（GEFI）

日本の不登校の小学生は約4万5000人、中学生は約12万人（2018年）。

だれもがみんな、その子に合った教育が受けられる。

（文部科学省）

エネルギーから考える サステナブルな社会

　電気製品は、コンセントから電気を得て動きます。コンロでお湯をわかすには、ガスや電気が必要です。自動車は、ガソリンや電気で動きます。人々のくらしや社会は、エネルギーに支えられています。多くのエネルギーのもとになる石油や石炭、天然ガスなどの資源はどんどん減っています。また、石油などを燃やすときに出る二酸化炭素は、地球温暖化を起こします。

アフリカで、まきにする木を運ぶ人（マラウイ）。

(JULIAN LOTT/Shutterstock.com)

電力消費量

上位 12 か国（中国、アメリカ、インド、日本、ロシア、ドイツ、韓国、ブラジル、カナダ、フランス、イギリス、イタリア）の割合

電力消費量

70%

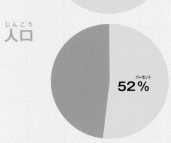

人口

52%

世界人口の約半数で、電力の 70％を消費している。

(IEA、国連)

資源がなくなると、どうなるのかな。

エネルギーが使えなくなると、パソコンやゲームもできなくなるのかな。

19

エネルギーのさまざまな問題

エネルギーが使えなくなる!?

　古くから人類はエネルギーを利用してきました。18世紀ごろから産業が発達し、人口が増えたことで、エネルギーの消費量はどんどん増えていきました。

　現在利用しているエネルギーのもとになっているのは、石油や石炭、天然ガスが中心です。これらは限りある資源なので、このまま使い続けると、今後100年ほどでほとんど使いはたしてしまうという説もあります。エネルギー消費量の増加にともない、現在は石油を、陸だけでなく、海底からもとっています。

人類の歩みとエネルギー

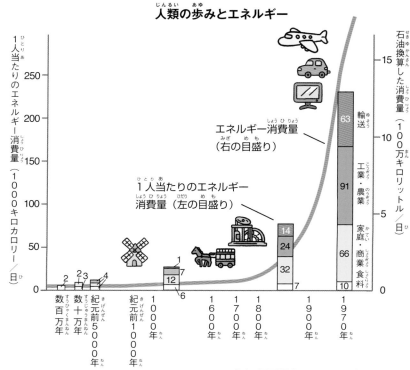

エネルギー消費量（右の目盛り）

1人当たりのエネルギー消費量（左の目盛り）

（総合研究開発機構「エネルギーを考える」より作成）

資源が使える年数

50年
石油（2019年末）

50年
天然ガス（2019年末）

132年
石炭（2019年末）

115年
ウラン（2019年1月）

（「BP統計2020」、OECD/NEA.IAEA「Uranium 2020」）

海底から石油をほる施設（イギリス）。

（James Jones Jr/Shutterstock.com）

石油などを使うと地球温暖化が進む

　エネルギーのもととなる石油や石炭、天然ガスなどは、死んだ小さな生き物が化石のようになり、さらに時間をかけて変化したもので、化石燃料とよばれます。

　化石燃料を燃やすと二酸化炭素が発生します。二酸化炭素が大気中に増えると、地球の気温が上がり、気候が変わったり、環境の変化で生き物がすめなくなったりする心配があります。

（PIXTA）

自動車を動かすためにガソリンを燃やすと二酸化炭素が発生する。

資源をめぐって紛争が起こる

(Everett Collection/Shutterstock.com)

1991年に起こった湾岸戦争は、イラクがクウェートの石油を輸出する権利を手に入れようとして始まった。

化石燃料などの資源の量は限られています。また、これらの資源は、とれる地域が決まっていて、その権利を持つ国や企業に大きな利益をもたらします。一方で、権利をうばい合う紛争が続き、住む場所を追われて難民になってしまう人たちもいます。エネルギーを使うどの国の人たちも、資源と無関係ではいられないため、紛争に巻きこまれるおそれがあります。

電気を使えない人がいる

世界の約8億4000万人が電気を利用できません。電気の設備が整っていない国もありますが、設備はあっても、貧困のために設備を利用できずに、まきや炭を料理や暖ぼうに使っている人もたくさんいます。まきを集めるために、学校に通えない子どももいます。

その一方で、先進国では電気製品にかこまれ、たくさんのエネルギーを使い、地球温暖化を進めているという問題もあるのです。

日本のエネルギーのほとんどは輸入

日本では、エネルギー資源のほとんどを海外からの輸入にたよっています。国内でまかなえる割合を自給率と言いますが、日本のエネルギー自給率は先進国の中ではかなり低く、12.1％です（2019年度）。エネルギーの自給率が低ければ、それだけ輸入先の国を始め、国際情勢のえいきょうを受けやすくなります。輸入先の国の状況が不安定になれば、安定してエネルギーを使えなくなる可能性があります。

日本のエネルギー自給率（2019年度）

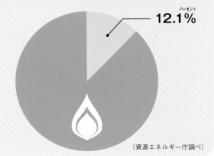

12.1%

（資源エネルギー庁調べ）

再生可能エネルギーを増やす

化石燃料によるエネルギー使用量を減らし、再生可能エネルギーを増やしていくことが必要です。再生可能エネルギーとは、水力、太陽光、風力、バイオマス（生き物からとれる資源）、地熱など自然をもとにしたエネルギーで、使っても再生できるものです。現在、水力を除いた再生可能エネルギーの活用が世界的に進んでいます。

再生可能エネルギーを利用している割合が高い国が、ドイツ、スペイン、イギリス、イタリアなどのヨーロッパの国々やカナダです。日本は、水力とあわせても約16％です。

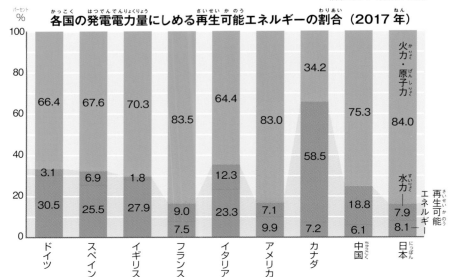

（資源エネルギー庁資料より作成）

各国の発電電力量にしめる再生可能エネルギーの割合（2017年）

国	火力・原子力	水力	再生可能エネルギー
ドイツ	66.4	3.1	30.5
スペイン	67.6	6.9	25.5
イギリス	70.3	1.8	27.9
フランス	83.5	9.0	7.5
イタリア	64.4	12.3	23.3
アメリカ	83.0	7.1	9.9
カナダ	34.2	58.5	7.2
中国	75.3	18.8	6.1
日本	84.0	7.9	8.1

開発途上国でエネルギー開発をする

電気を使えない人の多い開発途上国で電力設備を整備するときには、再生可能エネルギーを利用するようにします。多くの人々が電気を使えるようになるほか、発電にかかわる新しい仕事が生まれ、貧困を減らすことにもなります。再生可能エネルギーを利用する発電には、必ずしも大きな施設が必要ではなく、エネルギー不足や貧困などの問題に対して、現実的な解決の1つになります。

（Cynet Photo）

インドネシアにつくられた太陽光発電設備。

ごみを利用して発電する

持続してエネルギーを使うには、さまざまな物を利用して資源にすることも大切です。ごみ焼却場の中には、ごみを燃やして出る熱を利用して蒸気をつくり発電しているところがあります。燃やすだけではむだになるエネルギーを活用できます。ごみを燃やすと二酸化炭素が発生しますが、ほかの発電所での発電量が減らせるので、全体として二酸化炭素の量を減らすことになります。

（大阪広域環境施設組合）

ごみを燃やして電気をつくるごみ焼却場（大阪）。

わたしたちにもできることは？

ほかにもできることを話し合ってみよう。

省エネルギーを心がける

毎日の生活で、省エネルギーを心がけましょう。エアコンの設定温度を、夏は28℃、冬は20℃にしましょう。フィルターはこまめにきれいにすると、冷暖ぼうが効きやすくなります。風呂は追いだきをしないですむよう、続けて入りましょう。

水を大切に使う

わたしたちがふだん使っている水には、浄水場できれいにしてから家にとどくまでに、たくさんのエネルギーが使われています。シャンプーや歯みがきをするときには、シャワーや水道の水を止めて、出しっぱなしにしないようにしましょう。

電車やバスを使う

電車やバスを使えば、一度にたくさんの人が移動できます。自家用車に乗って少人数で移動するよりも、1人当たりのエネルギーの消費量を減らすことができます。

外出するときは電車やバスを利用すると、エネルギーの節約になる。

(PIXTA)

再生可能エネルギーを使う企業を応援

日本でも、事業活動で再生可能エネルギーの利用を積極的に進める企業が増えています。これらの企業の商品やサービスを選ぶことで、再生可能エネルギーが広まることを支援できます。

風力発電でつくられた電気だけを使うタオル会社のホームページ。

(IKEUCHI ORGANIC 株式会社)

学校での学習でも考えよう

社会
電気をつくるもとになる石油や石炭、天然ガスは、主にどこの国から日本に運ばれてくるのかな。(小6：グローバル化する世界)

理科
身の回りの電気を利用する機械にはどんなものがあり、どのくらい電力を消費しているのかな。(小6：電気の利用)

家庭科
夏と冬でできる省エネルギーは、それぞれどんなことかな。(小5・6：環境に配慮した生活)

23

みんなでめざすサステナブルな社会

現状 世界で電力を使えない人は約8億4000万人。

未来 だれもが安い値段で安定してエネルギーを使える。

現状 まきを集めるために学校に行けない子どもがいる。

未来 電気やガスが使えるので、自分でエネルギーのもとを集めなくてよい。

（Renewables 2019 Global Status Report (REN21)）

現状 エネルギーの利用によって、地球温暖化が進んでいる。

未来 再生可能エネルギーの利用を増やして地球温暖化がおさえられる。

現状 エネルギーのもとになる資源がなくなってしまう心配がある。

未来 再生可能なエネルギーを使うことで資源が守られる。

現状 日本の発電のうち、再生可能エネルギーの割合は19.2％（2019年度）。

未来 日本での再生可能エネルギーの割合が増える。

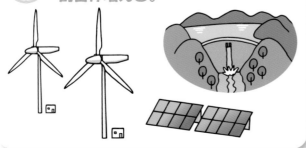

現状 日本の発電の約90％は輸入された資源にたよっている。

未来 再生可能エネルギーを多く利用するようになり、資源の輸入が減る。

（資源エネルギー庁）

（資源エネルギー庁）

食べ物から考える サステナブルな社会

日本のほとんどの人は、その日の食べるものにこまることはありません。それどころか、食べ残したり、使わないままいたんだ食べ物をすてたりすることもあります。しかし、世界では、多くの人が食べるものを十分に得られず、栄養不足や病気になっています。

人間にとってはなくてはならない食事のことから、サステナブルな社会を考えましょう。

貧しい人々がくらす地区の子どもたちに食べ物を配る（インド）。

(clicksabhi/Shutterstock.com)

栄養不足の人（2019年）

約6億9000万人

世界の人口の 9.7％

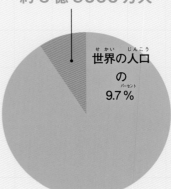

10人に1人が飢餓に苦しんでいる。

（世界の食料安全保障と栄養の現状）

おなかがすくと、勉強したことが頭に入ってこないよね。

おなかいっぱい食べられない人は、世界に大勢いるみたいだね。

25

食べ物のさまざまな問題

飢餓に苦しむ人がたくさんいる

飢餓とは、食べ物が手に入らないことが続いて栄養不足になり、健康を保てなくなった状態を指します。世界では、人口の10人に1人にあたる約6億9000万人が、飢餓に苦しんでいます。アフリカで飢餓の状態にある人は約2億5000万人、アジアでは約3億8100万人がその状態にあります。

アジアでは、肥満が問題になっている国もあります。飢餓と肥満は反対のように思えますが、次にいつ食べられるかわからないと、食べ物が手に入ったときに食べすぎて、肥満につながってしまうこともあるのです。

(Sadik Gulec/Shutterstock.com)

国の発展や成長がおくれる

子どもが飢餓になると、病気にかかりやすくなります。病気を治す力が弱まり、治療すれば治るはずの病気で命を落とすこともあるのです。

女性が飢餓の状態で子どもを生むと、生まれた子どももすでに栄養が足りず、病気になったり、亡くなったりすることが多くなります。子どもが無事に成長できないと、その国の未来の発展や成長がおくれることにもなります。

自然災害や紛争から飢餓に

飢餓の原因の1つは自然災害です。こう水やかんばつ、火山のふん火などで農作物がとれず、家や仕事を失うと、お金がなくなり、食べ物が手に入らなくなります。また、国内で争いがある地域は飢餓が広まりやすくなります。住んでいた土地を追われて農作物がつくれなくなったり、土地は追われなくても危険なので仕事や農作業ができず、飢餓になってしまうのです。

大量に発生したバッタが農作物を食いあらしてしまうこともある（南アフリカ）。

(AFP＝時事)

食料不足に苦しむ家族
（ソマリア）。

食料が不足する!?

　世界の人口は増え続けています。このままでは食料不足が起こると考える人もいるでしょう。しかし、世界で生産される穀物の量も増えており、消費量とほぼ同じです。

　世界全体で食料不足になることより、食料が必要な人々のところにうまく行きわたらないことで、地域によっては飢餓が起こる可能性があります。

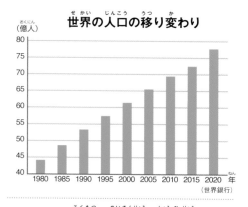

世界の人口の移り変わり

（億人）

（世界銀行）

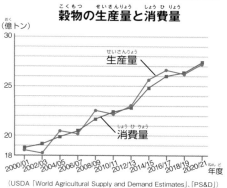

穀物の生産量と消費量

（億トン）

生産量

消費量

（USDA「World Agricultural Supply and Demand Estimates」、「PS&D」）

先進国では食品ロスが問題に

日本では、たくさんの食品が売られているが、食べられずにすてられる食品も多い。

（PIXTA）

　開発途上国で飢餓に苦しむ人たちが多い一方で、先進国では食べ物をむだにする「食品ロス」が問題になっています。日本だけでも、まだ食べられるのにすてられる食べ物の量は年間600万tをこえています。これは、1人当たり、毎日おにぎりを1～2個すてているのと同じことです。開発途上国にも、食料を運ぶための手段や、食料を保存するための施設がないために、食料がいたんですてられる「食品ロス」の問題があります。

大量の食料を輸入する日本

　日本の熱量（カロリー）ベースの食料自給率は約40％です。輸入にたよる量が多いと、農作物が不作になったとき、食料を安定して入手することがむずかしくなります。

　また、船や飛行機などで食料を運ぶと、大量のエネルギーを使います。さらに、肉や野菜を輸入することで、それらを育てるために使われた大量の水（バーチャルウォーター）を輸入していることになります（→くわしくは1巻13ページ）。

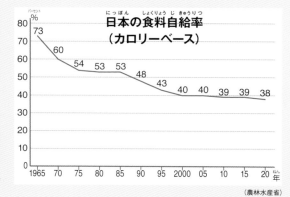

日本の食料自給率
（カロリーベース）

（％）

（農林水産省）

食べ物の問題を解決するには？

食料を十分生産できる国づくりを支援する

　飢餓を解決するためには、飢餓が広がる地域で、自分たちに必要な量の食べ物を、安定してつくれるようになることが大切です。そして、つくった食べ物を正しく保存し、地域の人々に行きわたるようにとどけられるしくみをつくることも必要です。

　地域の自然環境を守りながらも、災害の被害を受けにくい、安定して食べ物をつくり出せる農業のしくみを考えていかなくてはなりません。先進国の協力を得ながら、国づくりを進めていくことが解決につながります。

日本からミャンマーに送られた食料。　（ロイター／アフロ）

農業のしかたを指導する日本人（モザンビーク）。　（朝日新聞社／Cynet Photo）

飢餓に苦しむ人々に食料を送る

　災害の被害を受けた人、栄養不足の子ども、にんしん・育児中の母親など、飢餓がきびしい状態にあって、今すぐに食べ物を必要としている人たちには、少しでも速く食べ物がとどくような支援が必要です。

　国際的な団体や政府、民間支援団体が支援活動をしています。日本政府も、国連の機関を通じて食べ物をとどける支援をしています。

食品ロスを減らし、食べ物をうまく行きわたらせる

　飢餓の状態にある人たちの数は、少しずつ減っていましたが、2014年からまた増えてきています。一方、世界全体の食べ物の生産量は増加しています。世界の人々に平等に食べ物がとどけば、飢餓はなくなるはずです。

　先進国で「食品ロス」を減らし、その分の食べ物が飢餓が広がる地域にとどくようになれば、飢餓に苦しむ人が減るはずです。そのためには、飢餓に苦しむ地域へ食料を運ぶための道路や港、空港などを整備することも必要です。

わたしたちにもできることは？

ほかにもできることを話し合ってみよう。

食料支援をする
団体に寄付をする

　飢餓が広がる地域に、食べ物をとどける活動をしている団体に寄付することで、支援に参加できます。

　商品を買うことで募金できる自動販売機や、書き損じのはがきの寄付で食べ物を送るしくみもあるので、協力するとよいでしょう。

商品を買う代金の一部が飢餓で苦しむ人に寄付される自動販売機（日本）。

(ハンガーゼロ)

書き損じはがきを送ると、飢餓問題を解決するための活動を応援できる。

(©ハンガー・フリー・ワールド)

(ドギーバッグ普及委員会)

あまった食べ物を持ち帰るための容器（日本）。

食品ロスを減らす

　食品ロスは、家庭からもたくさん出ます。食事は残さない、食品を買いすぎない、賞味期限の近いものから食べる、週に１回は冷蔵庫の中の物を食べ切るなどの工夫をしましょう。店で食べ切れないとき、店に許可を得て残したものを持ち帰ることもできます。買いすぎた食品や、もらって食べきれないものは、フードバンクに寄付するのもよいでしょう。

冷蔵庫の中をチェック。

(PIXTA)

フードバンクの１つ。

(ふくおか筑紫フードバンク)

学校での学習
でも考えよう

社会

わたしたちが食べている食品は、どこでどのように生産され、どのようにして運ばれてくるのかな。（小５：日本の食料生産）
日本は、世界のどの地域からどんな食品を輸入しているのかな。（小６：グローバル化する世界）

家庭科

家の食事や学校の給食から、どれくらいの食品ロスが出ているのかな。（小５・６：環境に配慮した生活）

みんなでめざすサステナブルな社会

現状 世界で栄養不足に苦しんでいる人は、約6億9000万人いる。

 未来 だれもが栄養のある食料を手に入れられる。

（世界の食料安全保障と栄養の現状）

 現状 開発途上国では、輸送手段などが整っていないためにすてられる食料が多い。

 未来 食料が適切に行きわたり、すてられる食品がなくなる。

現状 栄養不足の人の約75％は、開発途上国の農村に住む農民。

未来 すべての農村の人が栄養不足ではなくなる。

（世界の食料安全保障と栄養の現状）

 現状 日本では、食べられる食品が1年間で約610万tもすてられている。

 未来 食品ロスがなくなる。

ごちそうさま

（農林水産省及び環境省「平成29年度推計」）

 現状 世界では、5歳未満で亡くなる子どもの45％が栄養不足である。

 未来 栄養不足で亡くなる子どもがいなくなる。

（ユニセフ）

 現状 世界の成人の8人に1人、約6億4100万人が肥満。

 未来 肥満で不健康な人がいなくなる。

（「ランセット」2016年）

ジェンダーから考える サステナブルな社会

男女には、体のしくみのちがいとは別に、「男らしさ」や「女らしさ」といった性別によって期待される役割やイメージがあります。たとえば「女性は家事をして、男性は外で仕事をする」などといった、社会の中でつくられた性別のイメージを、ジェンダーといいます。ジェンダーの不平等が世界的な問題になっています。

〈PIXTA〉

女の子が赤いランドセルにスカート、男の子が黒いランドセルにズボンなのは、ジェンダーの例（日本）。

世界の男女平等の度合い
（男女格差の少ない
国の順位）

149 か国のうち、

1 位　アイスランド

121 位　日本

（The Global Gender Gap Report 2020（世界経済フォーラム））

ぼくらが当たり前のように思っていることも、当たり前ではないんだね。

「男女平等の世の中」って言うけど、そうではないのかな。

31

♟ ジェンダーのさまざまな問題

ジェンダーの不平等がある

　男性はこうあるべき、女性はこうするべきといった、長い間の習慣や社会のしくみ、信仰する宗教などによって、無意識にすりこまれているイメージでものごとを進めると、ジェンダーの不平等や差別が生まれてしまいます。

　法律では男女平等・男女同権が決められている国であっても、実際にはそうなっていないこともあります。ジェンダーの不平等の問題は、先進国でも開発途上国でも生まれます。

インドなどでは、18歳未満で結婚させられる女性が多い。

（©Lucas Vallecillos / AGE Fotostock / Cynet Photo）

女性の児童婚が多い

　世界の女性のうち、約6億5000万人が18歳の誕生日をむかえる前に結婚をする「児童婚」をしていると言われます（2019年）。自分の意思とは関係なく、地域の風習にしたがって児童婚をさせられる女の子も、毎年約1200万人いると言われます。

　児童婚をした女の子の中には、学校に通えなくなったり、若い年代でのにんしんや出産で体調をくずしたり、家庭の中で暴力を受けたりと、さまざまな問題にあう子がいます。

女性が社会で活やくしにくい

日本の内閣。女性の大臣は非常に少ない。

（朝日新聞社／ Cynet Photo）

　「女性はひかえめに」というイメージが、女性の活やくをさまたげてしまうことがあります。日本では、同じ会社で同じように働いても、女性の給料は男性より低くおさえられがちです。また、政治や社会の中で何かを決めるような場に、女性が参加する機会が少ないことや、参加しても発言しにくいこともあります。社会でリーダーとして活やくする女性はまだまだ少ないのが現実です。

社会のしくみが女性に不利

小さい子どもをあずけられる施設は、地域によって不足していることがある。

世界の中で、日本はジェンダーの平等の実現がおくれています。たとえば、出産後も仕事を続けたい女性が、子育てをしながら働くには、子どもを安心してあずけられる施設が必要です。しかし、そうした施設が足りないため、多くの人が安心して働けません。

(PIXTA)

子育て中の女性であることを理由に会社で希望する仕事につかせてもらえない、育児休業の制度があっても、とくに男性は利用しにくいなどの問題もあります。

また、日本の社会習慣として、結婚すると妻が夫の姓を名乗ることが多いのも、ジェンダーの不平等の1つです。

生き方を決めつけられる

女性に限らず、男性にもジェンダーの不平等があります。男性だから仕事をして家族を養わなければならない、弱音を言ってはいけない、たくましくなければいけないなど、男性はこうあるべきだというイメージをおしつけられ、その人らしい生き方を選びにくい場合があります。「男性はこうしなければ…」や、「女性なんだから…」などという決めつけがジェンダーの不平等を生み、だれにとっても生きにくい社会をつくってしまいます。

LGBT ってなに?

体のしくみのちがいによる男性・女性という性別ではなく、心は女性で体は男性、あるいは心は男性で体は女性など、心と体の性がちがう人や、好きになる対象が同じ性別の人である人などのことを LGBT と言います。LGBT の人たちは、法律上の結婚ができないなどの理由から、社会的な不利益を受けることがあります。また、まわりから差別を受けることもあります。

(Tony Marturano/Shutterstock.com)

同性同士での結婚が法律でみとめられている国・地域もある。

33

ジェンダーの問題を解決するには？

ジェンダーフリーをめざす

　ジェンダーの不平等がないことを、「ジェンダーフリー」と言います。ジェンダーによる差別や暴力がなく、決めつけで役割をおしつけられない、物事を決めるときにいろいろな立場の人の意見を尊重して取り入れられるなど、ジェンダーフリーは、すべての人の権利が大切にされる世界の実現につながります。

　ジェンダーフリーを実現するには、男女平等についての法律の整備や、女性や子育てへの支援などが必要です。男女の差別を改め、すべての人が自分の能力を生かせる機会が平等に持てる世の中にするための国際会議も行われています。

ジェンダーの平等の実現をめざす「国際女性会議WAW！」。

（朝日新聞社／Cynet Photo）

男性も女性も働きやすい職場が望まれる。　（PIXTA）

職場の環境を変える

　みんなが働きやすい社会の実現のためには、企業はもちろん、働く人も意識を変えることが大切です。

　企業は、男女の給料の差をなくし、育児休業をとりやすい環境を整えるとともに、ことばや行動、立場を利用したいやがらせで働く人を不快にすること（ハラスメント）がないよう注意しなければなりません。さらに、障がい者を積極的にやとうことも大切です。

　働く人も、女性は会議で発言をひかえるべきといった、差別的な考えを持っていないか、また持っていたらそれをどう改めるのかを考える必要があります。

「イクメンプロジェクト」とは？

　育児休業がとりにくいことなど、男性が育児に参加しにくい環境にあることも、女性が社会で活やくしづらい原因の１つです。

　「イクメンプロジェクト」は、育児に積極的に参加する男性を増やし、男性も女性も仕事と育児が両立しやすい環境をつくるための政府の取り組みです。男性の育児休業取得率を、2025年に30％にすることを目標としています。

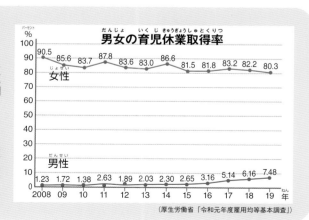

男女の育児休業取得率

年	女性	男性
2008	90.5	1.23
09	85.6	1.72
10	83.7	1.38
11	87.8	2.63
12	83.6	1.89
13	83.0	2.03
14	86.6	2.30
15	81.5	2.65
16	81.8	3.16
17	83.2	5.14
18	82.2	6.16
19	80.3	7.48

（厚生労働省「令和元年度雇用均等基本調査」）

わたしたちにもできることは？

ほかにもできることを話し合ってみよう。

日常生活をチェックしよう

学校や家の中など、ふだんの生活の中で、知らず知らずのうちに男女の役割が固定されていないかを考えてみましょう。

当たり前と思っていたことを、ジェンダーフリーの視点で見直してみることが大切です。

リーダーは男子？

女子のパンツ姿・男子のスカート姿はヘン？

男女別の名簿でいいの？

女性はアシスタント？

ジェンダーの平等をめざす団体を支援

差別を受けることが多い開発途上国の女性を支援する団体があります。また、女性の地位の向上のために活動する団体もあります。そのような活動をする団体に寄付することで、支援ができます。

「プラン・インターナショナル」がめざす「ジェンダー平等と包摂（だれもが参加できること）」を説明するページ。

（プラン・インターナショナル・ジャパン）

多様な性、生き方をみとめよう

人間は男性か女性のどちらかである、好きになる相手は自分とは異なる性別の人だけであるなどの考えは、絶対的なものでしょうか。現実には、さまざまな性があり、好きになる対象もさまざまです。多様な性のあり方を理解し、みとめることで、みんなが自分らしく生きられる社会をつくることができます。

学校での学習でも考えよう

男女平等やジェンダーフリーなどに関連する法律や決まりには、どんなものがあるかな。
（小6：日本の歴史／政治の働き）

成長するにつれて、男女の体にはどんなちがいが現れるかな。（小4：体の発達・発育）

家の中には、どんな仕事があり、家族でどのように分担したらいいのかな。（小5・6：家庭生活と仕事）

現状 世界で18歳未満で結婚させられる女性は年間約1200万人いる。

未来 少女が望まない結婚をさせられなくなる。

NO!

(Fast Facts: 10 facts illustrating why we must #EndChildMarriage)

現状 6〜17歳で教育を受けられない女子が約1億3200万人いる。

未来 だれもが教育を受けられる。

(世界銀行)

現状 日本の衆議院の女性議員の割合は、約10％（2021年2月）。

未来 男女同じくらいの数の議員がいる。

(IPU/2020)

現状 日本の女性の賃金は、男性100に対して、74.3（2019年）。

未来 男女の賃金格差がなくなる。

＝

(厚生労働省「賃金構造基本統計調査」)

現状 日本の男性の育児休業取得率は約7.5％（2019年）。

未来 必要に応じてだれもが育児休業をとれる。

(厚生労働省「令和元年度雇用均等基本調査」)

現状 LGBTに対する差別がある。

未来 一人一人の個性を大事にする社会になる。

サステナブルな社会の実現に取り組む人々

会社や団体などで、サステナブルな社会の実現をめざしてさまざまな活動をしている人たちがいます。どんな活動をしているでしょうか。みなさんにもできることがあるかもしれませんね。

会社の取り組み

住友化学株式会社

マラリアを防ぎ、仕事をつくり出す

マラリアは、ハマダラカという蚊によって広まり、命を落とすこともある感染症です。マラリアによって世界で年間約40万9000人が亡くなっていますが（2019年）、その多くはアフリカで生活する人たち、とくに5歳以下の子どもたちです。

住友化学は、マラリアを防ぐために「オリセット®ネット」という蚊帳を開発し、マラリアに苦しむ人たちを支援しています。

「オリセット®ネット」は、素材から防虫剤が少しずつしみ出すじょうぶな蚊帳で、その効果は3年間続きます。また、アフリカの人々のために「オリセット®ネット」をつくる技術を提供し、現地での生産を進めることで、多くの人たちの仕事をつくり出しています。

この活動は、人々の命や健康を守るだけでなく、貧困や飢餓をなくすことにもつながります。

素材のポリエチレンに防虫剤をねりこむ技術でつくられた「オリセット®ネット」。

国際機関を通じて約100か国に配られている。

（Photograph © M. Hallahan / Sumitomo Chemical）

タンザニアでは2007年から「オリセット®ネット」の生産を開始。最大7000人が働いている。

（Photograph © M. Hallahan / Sumitomo Chemical）

「オリセット®ネット」の中で休む子どもたち。

NPOの取り組み

TABLE FOR TWO

おにぎりアクション

おにぎりアクションは、日本の代表的な食のシンボル「おにぎり」の写真を SNS に投稿することで、アフリカやアジアの子どもたちに給食をとどける取り組みです。世界の食料・健康問題の解決に取り組む TABLE FOR TWO によるプロジェクトで、特設サイトか SNS（Instagram、Twitter、Facebook）へ #OnigiriAction をつけておにぎりの写真を投稿する

と、協力する企業が、写真1枚につき給食5食（100円相当）を、開発途上国の貧しい地域の子どもたちのために寄付します。

1日1食の温かい給食は、子どもたちの栄養状態をよくして、学校へ通うきっかけにもなります。給食が教育を助け、貧しさからぬけ出す機会を生むのです。

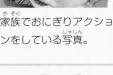

家族でおにぎりアクションをしている写真。

ルワンダのバンダ村では、給食が始まって学校への出席率がほぼ100％になり、学力ものびた。

\ おにぎりアクション2020 結果発表 /

投稿数 202,143枚 → 給食数 900,000食

2015～2020年の6年間で、100万枚以上の写真が投稿され、約540万食の給食をとどけた。

（©TABLE FOR TWO）

会社の取り組み

株式会社 クラレ

ランドセルは海を越えて

紛争が続くアフガニスタンの子どもたちに、役目を終えたランドセルをとどける「ランドセルは海を越えて」という活動があります。きびしい環境で生きる子どもたちに、学ぶ喜びを知ってほしいという願いがこめられた取り組みで、ランドセルなどの素材をつくるクラレが2004年

学ぶ機会をうばわれることが多かった女の子たち。ランドセルを手にして笑顔があふれる。

に始めました。アフガニスタンへとどけられたランドセルは、17年間で13万個をこえました。ランドセルの中に、ノートやえん筆、クレヨンなどの文ぼう具をつめてプレゼントしています。この活動は、物資が不足するアフガニスタンで、子どもたちが学校で学ぶための大きなはげみと希望になっています。

全国からとどいたランドセルは、ボランティアの人たちの手によって荷づくりされる。

さくいん

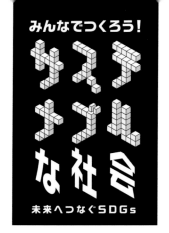

みんなでつくろう！

サステナブルな社会
未来へつなぐSDGs

② 社会

監修　九里徳泰（くのり・のりやす）

中央大学商学部経営学科卒、同大学院総合政策研究科修了。博士（工学）。専門はサステナビリティ・マネジメント（持続可能性経営）。富山市政策参与（自然環境・環境経営）。ジャーナリストとして15年間世界80か国を取材後、中央大学助教授、富山県立大学教授を経て相模女子大学学芸学部教授、同大学院MBA社会起業研究科教授。

指導協力	学習院初等科教諭　米井慎一

装幀・デザイン	高橋コウイチ（WF）
本文レイアウト	シードラゴン
企画・編集	山岸都芳・増田秀彰（小峰書店）
編集協力	大悠社
表紙イラスト	間芝勇輔
イラスト	間芝勇輔、川下隆

2021年4月3日　　第1刷発行
2024年6月10日　　第2刷発行
監修者　九里徳泰
発行者　小峰広一郎
発行所　株式会社 小峰書店
　　　　〒162-0066
　　　　東京都新宿区市谷台町4-15
　　　　電話　03-3357-3521
　　　　FAX　03-3357-1027
　　　　https://www.komineshoten.co.jp/

印刷　株式会社 三秀舎
製本　株式会社 松岳社

NDC360　39P　29 × 22cm
ISBN978-4-338-34302-2
©2021 Komineshoten Printed in Japan

参考文献

●川延昌弘『未来をつくる道具　わたしたちのSDGs』（ナツメ社）
●南博、稲場雅紀『SDGs －危機の時代の羅針盤』（岩波書店）
●佐藤真久・監修『未来の授業　私たちのSDGs探究BOOK』（宣伝会議）
●保本正芳、中西將之、池田靖章『自分ごとからはじめようSDGs探究ワークブック〜旅して学ぶ、サスティナブルな考え方〜』（ワークアカデミー）
●佐藤真久、田代直幸、蟹江憲史『SDGsと環境教育　地球資源制約の視座と持続可能な開発目標のための学び』（学文社）
●蟹江憲史・監修、一般社団法人 Think the Earth・編著『未来を変える目標 SDGs アイデアブック』（紀伊國屋書店）
●『SDGs ビジネス入門　12兆ドル市場を拓くアイデアと先行事例』（日本ビジネス出版）
●環境省大臣官房環境経済課環境教育推進室『SDGs達成に向けた「持続可能な地域の創り手を育む"学びの場"づくり」ガイドブック（環境省）
●池上彰・監修『世界がぐっと近くなるSDGsとボクらをつなぐ本』（学研プラス）
●秋山宏次郎・監修、バウンド『こどもSDGs　なぜSDGsが必要なのかがわかる本』（カンゼン）